An Amazing Jaw-Dropping Frog Ecology Story

A frog's eyes bulge out from its head. How much do you know about frogs? Cute frogs are everyone's favorite little animals. Many people think that frogs live in water, but frogs spend most of their time on land. Their lungs help them breathe on land.

Frogs help control the population of insects, like mosquitoes, because they like to eat them. Without frogs, farmers would have a hard time growing things dealing with all the pests.

When spring comes, frogs wake up from their long winter sleep. Unfortunately, frogs are disappearing, and over time, it will become harder and harder to see them. Where have they gone?

The Earth is getting hotter, and it's threatening frogs. Frogs are very sensitive to the environment. Climate change serves as the biggest danger to frogs and other amphibians. Also, frogs, salamanders and those alike are in danger because of habitat loss and a deadly fungi.

Scientists say that we cannot save the species if we do not know why they are dying. Climate change is caused by various human activities. Each piece of trash we throw away piles up and destroys our ecosystem as a whole. Reckless destruction of nature by human beings has brought ecological catastrophes.

This book talks about an assortment of frogs including endangered frogs. This book can be used to discover abundant information about the coexistence of humans and frogs.

Frogs show how amazing nature is. If you read this book, you'll want to tell your peers how important frogs are so we can help protect it. Throughout this book, children can learn how to protect frogs.

Now, let's take a look and meet our amazing frogs!

In the Text
- *What is a Frog?*
- *Characteristics of Frogs*
- *Life of Frogs*
- *Why Frogs Disappeared*
- *How to Protect Frogs*

입이 쩍 벌어지는
개구리
생태 이야기

과학생각 01
입이 쩍 벌어지는 개구리 생태 이야기
An Amazing Jaw-Dropping Frog Ecology Story

1판 1쇄 | 2022년 4월 20일

글 | 김남길
그림 | 끌레몽

펴낸이 | 박현진
펴낸곳 | (주)풀과바람
주소 | 경기도 파주시 회동길 329(서패동, 파주출판도시)
전화 | 031) 955-9655~6
팩스 | 031) 955-9657
출판등록 | 2000년 4월 24일 제20-328호
블로그 | blog.naver.com/grassandwind
이메일 | grassandwind@hanmail.net

편집 | 스튜디오 플롯
디자인 | 박기준
마케팅 | 이승민

ⓒ 글 김남길, 그림 끌레몽, 2022

이 책의 출판권은 (주)풀과바람에 있습니다.
저작권법에 의해 보호를 받는 저작물이므로 무단 전재와 복제를 금합니다.

값 12,000원
ISBN 978-89-8389-037-5 73490

※잘못 만들어진 책은 구입처에서 바꾸어 드립니다.

제품명 입이 쩍 벌어지는 개구리 생태 이야기	**제조자명** (주)풀과바람	**제조국명** 대한민국	⚠ **주의**
전화번호 031)955-9655~6	**주소** 경기도 파주시 회동길 329		어린이가 책 모서리에
제조년월 2022년 4월 20일	**사용 연령** 8세 이상		다치지 않게 주의하세요.
KC마크는 이 제품이 공통안전기준에 적합하였음을 의미합니다.			

입이 쩍 벌어지는
개구리
생태 이야기

김남길 · 글 | 끌레몽 · 그림

풀과바람

머리글

여러분은 개구리에 대해 얼마나 알고 있나요? 개구리는 볼수록 매력 있고 귀여운 동물이에요. 어른, 아이 할 것 없이 개구리를 싫어하는 사람은 거의 없을 거예요.

몇십 년 전만 해도 사람들은 개구리를 잡아서 짓궂은 장난을 치곤 했어요. 짝꿍의 필통 속에 몰래 개구리를 넣어서 깜짝 놀라게 하거나, 개구리끼리 멀리뛰기 시합을 시키기도 하고, 개구리를 잡아서 불에 구워 먹기도 했지요.

지금은 도저히 이해할 수 없는 행동이지만, 그만큼 그 시절에는 개구리가 흔했어요. 시궁창이 흐르는 실개천에도 개구리들이 뛰어다녔으니까요.

하지만 요즘에는 개구리를 만나려면 도시를 벗어나야 해요. 일부러 한적한 논이나 연못, 저수지에 가야 개구리를 찾아볼 수 있어요. 비록 예전처럼 많은 개구리를 만나지는 못하겠지만요.

몇몇 품종의 개구리는 이미 멸종 위기에 처해 있어요. 개구리는 번식력이 높아서 웬만하면 멸종되지 않아요. 그런데도 멸종 위기에 놓인 이유는 현재의 환경이 몹시 오염되었다는 걸 의미해요. 무엇보다 급속한 도시화가 습지를 집어삼켜 버린 것도 원인이에요. 어떤 동물이든 몸 담고 살아가야 할 자연이 사라지면 도태될 수밖에 없지요.

비록 개구리는 작은 생물체이지만 생태계의 먹이 사슬에서 중간 역할을 하고 있어요. 아래로는 벌레를 잡아먹어서 개체 수를 조절하고, 위로는 포식자의 먹이가 되어 개체 수 피라미드의 균형을 맞추지요.

개구리는 양서류에 속하는 특별한 척추동물이에요. 허파와 피부로 숨쉬고, 울음주머니로 울고, 별난 재주로 변태하지요. 다양한 개구리들의 한살이를 살펴보면 입이 쩍 벌어진답니다. 깜짝 놀랄 만한 비밀을 아주 많이 가지고 있거든요.

자, 그럼 개구리에게 어떤 비밀이 숨겨져 있는지 그 꽁무니를 따라가 볼까요?

김남길

차례

- ① 꼬리 없는 동물, 개구리 --- 8
- ② 개구리가 변태를 한다고? --- 18
- ③ 우리나라의 개구리 --- 30
- ④ 개구리의 생존 본능 --- 40
- ⑤ 개구리의 먹이 사냥 --- 48
- ⑥ 개구리의 천적 --- 52
- ⑦ 신기한 개구리의 세계 --- 60
- ⑧ 항아리곰팡이병과 무당개구리 --- 68
- ⑨ 개구리에 얽힌 생활과 풍습 --- 74
- ⑩ 전설과 신화 속의 개구리 --- 80

개구리 관련 상식 퀴즈 --- 96

개구리 관련 단어 풀이 --- 98

01 꼬리 없는 동물, 개구리

혹시 여러분은 꼬리 없는 동물을 본 적이 있나요? 지구에 사는 대부분의 척추동물은 꼬리를 가지고 있어요. 우리가 주변에서 쉽게 만날 수 있는 동물을 떠올려 보세요. 개, 고양이, 햄스터, 토끼 등 모두 꼬리가 있지요. 그런데 놀랍게도 개구리는 꼬리가 없어요.

척추동물 중에 유인원과 몇몇 품종의 과일박쥐를 제외하면 꼬리가 없는 동물은 개구리뿐이에요. 개구리는 왜 꼬리가 없을까요? 그 배경을 알아보아요.

척추동물의 진화

개구리의 꼬리가 없는 이유를 알기 위해서는 먼저 척추동물의 진화 단계를 알아야 해요. 그 순서는 다음과 같아요.

1 **어류**
아가미로 호흡하고 지느러미로 헤엄친다.

2 **양서류**
어류와 파충류의 중간 단계. 땅 위와 물속을 넘나들며 산다.

3

파충류
기온에 따라 체온이 변하는 변온 동물. 몸이 비늘로 덮여 있다.

4

조류
날개가 있고 몸이 깃털로 덮여 있다. 알을 낳아 기른다.

5

포유류
몸이 털로 덮여 있고 새끼를 낳아 젖을 먹여 키운다.

11

개구리는 양서류다

개구리의 조상은 고생대 데본기에 등장한 원시 양서류인 '이크티오스테가'예요. 양서류는 땅 위에서도 살고 물속에서도 사는 특이한 척추동물이에요. 물속과 땅 위에서 살 수 있도록 각각의 기능이 발달했지요.

오늘날 개구리의 다리는 어류의 지느러미보다 더 발달되어 있어요. 미끈한 케라틴 성분이 포함된 피부는 파충류의 비늘보다 덜 진화된 상태고요. 개구리는 그 장단점을 유리하게 이용하여 물속에서는 물고기처럼 헤엄치고, 땅 위에서는 파충류처럼 돌아다녀요.

또 다른 양서류 도롱뇽

도롱뇽은 개구리와 더불어 대표적인 양서류예요. 하지만 개구리와 달리 꼬리가 있어요. 도롱뇽은 낮에 습한 바위 밑이나 낙엽 속에 숨어서 시간을 보내다가 해가 떨어진 저녁에 먹이를 사냥하지요. 산란 시기인 이른 봄에는 산 개울의 흐르는 물속에 알을 낳아요. 우리나라에는 네발가락도롱뇽, 꼬리치레도롱뇽, 이끼도롱뇽 등이 살고 있어요.

한편, 중국에는 몸길이가 1미터 80센티미터까지 자라는 도롱뇽이 살아요. 현지에서는 '와와어'로 불리는데 수명이 100년이나 되고요. 또 일본에는 몸길이가 1미터 50센티미터까지 자라는 '왕도롱뇽'이 살아요. 이 도롱뇽의 수명은 약 80년이지요. 마지막으로 미국의 동부에도 '헬 벤더'라고 불리는 도롱뇽이 있어요. 몸길이는 70센티미터까지 자라고 수명은 약 50년이랍니다. 이 거대한 도롱뇽들은 공룡 시대부터 살아온 장수도롱뇽의 후손으로 '살아 있는 화석'으로 불려요. 그래서 '멸종 위기종'으로 보호받고 있어요.

동물의 꼬리가 하는 일

동물마다 꼬리의 역할은 조금씩 달라요. 악어는 꼬리를 휘둘러 무기처럼 쓸 수 있고, 수컷 공작은 화려한 꽁지깃으로 암컷의 관심을 끌지요. 소는 꼬리를 흔들어 엉덩이에 달라붙은 파리 떼를 내쫓고, 캥거루는 꼬리를 의자처럼 세우고 앉아요. 원숭이는 꼬리를 팔처럼 자유자재로 사용하지요.

하지만 꼬리의 공통적인 역할은 몸의 중심을 잡아 주는 거예요. 동물이 걷거나 달릴 때 몸이 한쪽으로 치우치지 않도록 꼬리가 좌우의 균형을 맞춰 준답니다.

꼬리 없는 유인원

 침팬지, 고릴라, 오랑우탄은 사람처럼 꼬리가 없어요. 이러한 동물을 분류학상 '유인원'이라고 불러요. 과거에 유인원들이 네 다리로 기어 다닐 때는 꼬리가 있었어요. 하지만 오랫동안 진화의 과정을 거치며 꼬리가 퇴화했지요. 그 이유는 꼬리가 없어도 두 다리로 꼿꼿이 서서 걸을 수 있었기 때문이에요. 두 다리로 서서 걷는 것을 '직립 보행'이라고 하고요.

 그러나 침팬지, 오랑우탄, 고릴라 등의 유인원은 완전하게 직립 보행을 하지 못해요. 두 다리로 천천히 걸을 수는 있지만, 달릴 땐 네 다리로 뛰어야 하지요. 팔이 길고 다리가 짧아서 무게 중심이 상체에 쏠리기 때문이에요. 하지만 사람은 머리, 몸통, 엉덩이에서 평평한 발까지 이어지는 무게 중심이 수직으로 되어 있어요. 걸을 때는 팔다리를 앞뒤로 번갈아 흔들며 몸의 균형을 잡지요. 인간은 꼬리 없는 동물 중에서 가장 진화한 '직립 보행자'예요.

꼬리쯤은 없어도 괜찮아

개구리의 꼬리가 없어도 되는 이유는 뒷다리가 있기 때문이에요. 개구리는 긴 뒷다리를 포개어 앉을 수 있어요. 즉 무게 중심이 낮아서 안정적인 자세로 앉을 수 있지요. 개구리는 그 상태로 높이 뛸 수도 있고 땅에 안전하게 착지할 수도 있어요.

만약 개구리에게 꼬리가 있었다면 어땠을까요? 꼬리가 움직이는 데 방해되어 천적으로부터 도망치기 어려웠을 거예요. 또 꼬리 때문에 무게 중심이 뒤로 쏠려서 높이 뛰다가 공중에서 뒤집힐 수도 있고요.

그런 약점을 가지고 먹이를 사냥하는 건 아주 어려울 거예요. 오히려 천적의 먹잇감이 될 확률이 더 높지요. 결국 개구리는 주어진 환경에 잘 적응하기 위해 최적의 상태로 몸의 기능을 발달시킨 거예요. 꼬리 없이도 얼마든지 잘 살아갈 수 있는 방법을 찾은 것이지요.

올챙이 때는 물속에서 헤엄치기 위해 꼬리가 필요했지만, 개구리 때는 땅 위에서 살기 때문에 꼬리가 필요 없어진 거예요. 그래서 꼬리는 점점 짧아지다 결국 없어지지요.

02 개구리가 변태를 한다고?

올챙이와 다 자란 개구리는 전혀 다른 생김새를 가지고 있어요. 올챙이는 개구리로 성장하면서 꼬리가 사라지고 다리가 생겨요.

이처럼 성체로 자라나면서 생김새와 생태가 전혀 다르게 변하는 것을 '변태'라고 해요. 그런데 개구리의 변태는 곤충의 변태와 전혀 달라요. 그 과정을 살펴볼까요?

짝짓기

얼었던 개울물이 녹는 이른 봄날, 개구리 떼가 가까운 습지로 모여들어요. 바로 짝을 만나기 위해서예요. 암컷은 배 속에 알을 품은 채 멋진 수컷을 찾아요. 수컷은 울음주머니를 크게 부풀리며 암컷을 유혹하지요. 그리고 본격적으로 짝짓기 쟁탈전이 벌어져요.

짝을 찾은 수컷은 앞발에 튀어나와 있는 '혼인 육지'로 암컷의 등을 꽉 껴안아요. 한 번 붙잡으면 절대 놓지 않아요. 놓치는 순간 짝짓기가 어려워지니까요.

알 낳기

암컷이 물속에 알을 낳을 땐 수컷이 도와줘요. 수컷이 암컷의 등에 달라붙어서 뒷다리로 암컷의 꽁무니를 문질러요. 그러면 암컷은 자극을 받아 알 덩어리를 낳아요. 수컷은 때를 놓치지 않고 알에 자신의 정자를 뿌려요. 이처럼 몸 밖에서 수정이 이루어지는 것을 '체외 수정'이라고 해요. 이렇게 알이 수정되어야 올챙이가 태어날 수 있어요.

흐물흐물한 젤리에 둘러싸인 알

개구리 알은 흐물흐물한 젤리 같은 점액질에 둘러싸여 있어요. 이 점액질은 여리고 약한 개구리 알을 지켜 주는 보호막이에요. 개구리 알은 얕은 수면에서 따뜻한 햇볕을 쬐며 부화를 기다려요. 알의 부화 시기는 물의 온도에 따라 달라요. 물이 따뜻할수록 알 속에서 세포가 분열하여 생명체가 생성되는 '발생'이 빨리 이루어져요. 발생 기간은 7일에서 10일 정도 걸린답니다.

올챙이의 탄생

발생이 끝나면 꼼지락거리는 작은 생명체가 알을 깨고 나와요. 바로 올챙이예요. 올챙이의 겉모습은 동그란 몸에 꼬리가 달려 있어요. 입안에는 이빨이 나 있고, 튀어나온 아가미로 숨을 쉬어요. 그리고 꼬리를 흔들어 헤엄치지요.

알에서 태어난 올챙이는 스스로 먹이 활동을 해요. 처음에는 물풀 같은 식물성 먹이를 먹다가 좀 더 자라면 동물성 먹이인 플랑크톤이나 물벼룩을 사냥하지요. 먹이를 충분히 먹은 올챙이는 점점 크게 자라요. 그렇게 성장하는 기간은 약 10일~15일 정도예요.

뒷다리가 먼저 나온다

알에서 나온 지 2주~3주 정도가 지나면 무럭무럭 자란 올챙이의 몸에서 첫 변화가 일어나요. 몸통과 꼬리 사이에서 뒷다리가 생겨나지요. 본격적인 변태가 시작되는 거예요. 이 시기의 올챙이는 수생 동물의 시체를 뜯어 먹고 살아요. 먹이가 부족할 때는 약한 형제를 공격해 배를 채우지요. 무시무시한 육식 동물로 성장하는 거예요.

앞다리가 나온다

뒷다리가 나온 뒤, 다시 7일~10일이 지나면 앞다리가 나와요. 그 시기에 아가미가 사라지고 몸속에서 허파가 생겨요. 이때부터 콧구멍으로 산소를 들이켜요. 즉 허파로 호흡하는 게 가능해지지요. 동시에 물속에서 피부로 호흡할 수도 있답니다.

꼬리가 짧아진다

다리가 네 개나 생긴 올챙이는 날이 갈수록 꼬리가 조금씩 짧아지기 시작해요. 자주 물가로 나가 바람을 쐬기도 하지요. 이때는 허파와 피부로 동시에 숨을 쉬며 10일 정도 바깥 생활에 적응하는 기간을 가져요.

개구리가 되다

마침내 올챙이의 꼬리가 완전히 사라지면 비로소 변태가 끝나요. 개구리의 피부는 미끈한 케라틴 성분으로 뒤덮이고 본격적으로 피부 호흡을 하게 되지요.

케라틴 성분이 있는 피부는 물속과 땅 위의 산소를 흡수하고, 이산화 탄소를 뱉어 내는 여과 장치예요. 개구리에게 소중한 산소통이지요. 개구리는 허파로 숨 쉬는 것보다 피부로 숨 쉬는 비율이 훨씬 높으니까요. 그래서 개구리는 피부가 마르지 않도록 수시로 자맥질을 해야 해요.

만약 피부가 마르면 어떻게 될까요? 아마 충분히 숨 쉬지 못해 질식하고 말 거예요.

올챙이에서 완전한 개구리가 되기까지는 약 40일~50일쯤 걸려요.

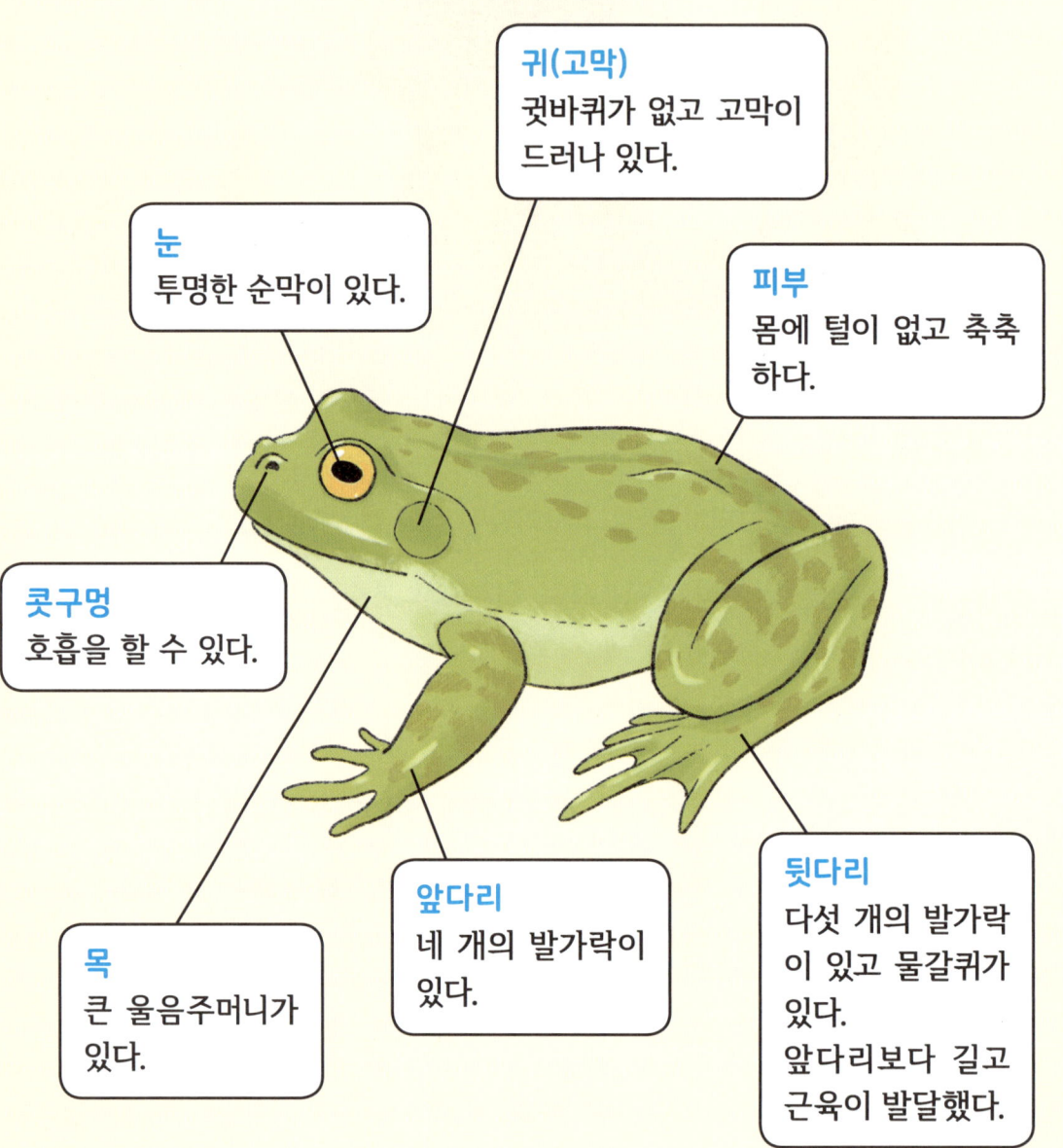

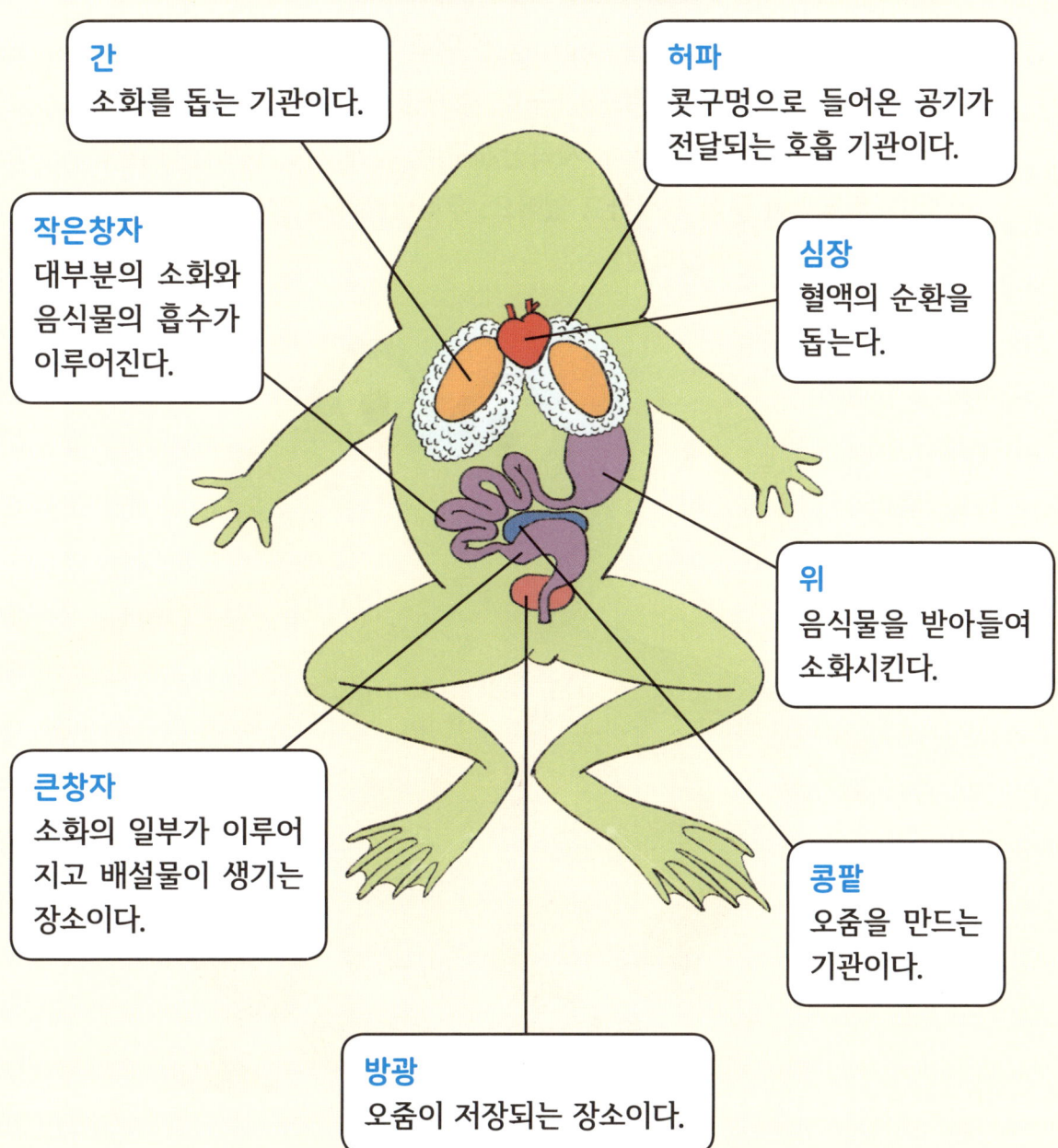

03 우리나라의 개구리

지구에는 약 3,800여 종의 개구리가 전 대륙에 걸쳐 살고 있어요. 우리나라에는 참개구리, 금개구리, 청개구리, 수원청개구리, 맹꽁이, 무당개구리, 황소개구리, 한국산개구리, 계곡산개구리, 옴개구리, 북방산개구리, 두꺼비, 물두꺼비 등이 서식하고 있어요. 우리나라에서 살아가는 개구리의 생태와 습성을 알아볼까요?

지구에는 수많은 개구리가 살고 있어.

개굴개굴 참개구리

　참개구리는 습지에서 가장 흔히 볼 수 있는 종이에요. 군복과 비슷한 위장용 무늬가 있어서 '군인 개구리'라는 별명이 있지요. 점프를 잘해서 한 번에 1미터 이상 멀리 뛸 수 있어요. 머리 양쪽에는 울음주머니가 있어서 잘 울기도 해요. 그 울음소리를 멀리서 들으면 "개굴개굴!" 하고 우는 것처럼 들려서 개구리라고 불리게 되었어요.

　조선 시대 때 조상들은 개구리를 '머구리'라고 불렀어요. 그 의미는 개구리가 '목청껏 운다.'는 뜻이에요. 나중에는 '마구리'로 불리다가 '악마구리'로 바뀌어 불렀어요. 악마구리는 '악을 쓰는 입 큰 개구리'라는 뜻이에요.

금줄이 있는 금개구리

금개구리는 등바닥 양쪽에 두 개의 금색 줄무늬가 있는 종이에요. 주로 저수지나 연못, 논밭 등에서 살아요. '금'개구리는 이름값답게 멸종 위기 종 2급으로 보호받고 있어요.

과거에는 금개구리의 수가 많아 농가에서 가축의 먹이로 사용했어요. 하지만 현재는 무분별한 개발로 인해 서식지가 줄고, 논밭에 농약을 뿌려 그 개체 수가 눈에 띄게 줄었어요. 환경부에서는 대체 서식지를 확보하여 금개구리가 안전하게 살 수 있도록 돕고 있지요.

발가락에 빨판이 달린 청개구리

작고 귀여운 청개구리는 몸이 연둣빛이에요. 발가락 끝에는 끈적하고 둥근 '빨판'이 있어 나무나 풀잎에 쉽게 달라붙을 수 있어요. 심지어 유리창도 기어오르지요.

청개구리의 발가락은 육지 생활에 적합하게 발달했어요. 그런 이유로 청개구리는 시골 주택가에 자주 모여들어요. 주택가의 불빛을 보고 달려드는 하루살이나 나방 등을 사냥하지요. 청개구리는 밤에 활동하는 야행성이거든요.

맹꽁맹꽁 맹꽁이

맹꽁이의 생김새는 머리가 작고 몸이 찐빵처럼 둥글둥글해서 몸이 굼떠요. 그래서 여느 개구리처럼 팔딱팔딱 뛰는 대신 엉금엉금 기어 다녀요.

울 때는 턱 밑에 있는 울음주머니를 부풀려요. 울음소리의 높낮이가 달라 여러 마리가 같이 울 때는 마치 "맹꽁! 맹꽁!" 하고 우는 것처럼 들리지요. 그래서 이름이 맹꽁이예요.

맹꽁이는 장마철에 떼로 나타나서 짝짓기를 해요. 하지만 낮에는 흙 속에 숨어 있다가 밤에 활동하기 때문에 관찰하기 어려워요. 현재 맹꽁이는 멸종 위기종 2급으로 보호받고 있어요.

무당처럼 화려한 무당개구리

무당개구리의 등은 선명한 연둣빛이고, 배는 강렬한 붉은빛이에요. 온몸에는 검은색 얼룩무늬가 있어요. 그 무늬가 마치 무당이 화려한 옷을 입은 것처럼 보여서 '무당개구리'라는 이름이 붙었어요.

무당개구리는 천적이 나타나면 몸을 뒤집은 채 다리를 오므리고 죽은 체해요. '나 맛없고 무시무시하니까 건들지 마!' 경고하면서 말이에요. 무당개구리의 터전은 대개 낮은 산골짜기 계곡이에요. 짝짓기 철에는 논바닥으로 모여들어 번식하는 습성이 있어요.

황소처럼 우는 황소개구리

황소개구리는 우리나라에서 제일 큰 개구리이지만, 원래 고향은 미국의 동부 지역이에요. 일찍이 우리나라에 식용으로 들여와 전국으로 퍼지게 되었지요.

다 자란 황소개구리의 크기는 머리에서 발끝까지 45센티미터나 돼요. 울음소리가 황소 같고 몸집이 커서 '황소개구리'라고 이름 지어졌어요. 황소개구리의 올챙이는 크기가 10센티미터나 돼요. 변태하지 않은 채 올챙이로 자라는 기간은 무려 3년이나 되고요. 황소개구리는 올챙이 때부터 이미 우량종으로 자라도록 진화했어요.

울퉁불퉁한 두꺼비

두꺼비는 우리나라 토종 개구리 중에서 가장 큰 종이에요. 머리는 각이 져 있고 몸에는 우툴두툴한 돌기가 나 있어요. 거의 땅 위에서 생활하며 뒷다리가 짧아 높이 뛰지 않고 엉금엉금 기어 다녀요. 평소 돌이나 나무 밑동처럼 습한 곳에 숨어 지내다가 배가 고프면 사냥을 나가요. 느리고 둔하지만 피부에 하얀 점액질의 독이 있어서 몸을 지킬 수 있어요. 짝짓기 때는 암수가 논에서 만나 알을 낳아요. 올챙이 때는 물에서 살다가 성체가 되면 야산으로 떼를 지어 이동해요.

산에 사니 산개구리

산개구리는 산속의 맑은 개울이나 계곡에 살아요. 몸 색깔이 바위와 비슷해서 몸을 잘 숨길 수 있어요. 물속으로 뛰어들면 어디에 숨었는지 찾아내기 어렵지요. 산개구리는 차가운 산골의 얼음이 녹는 경칩에 겨울잠에서 깨어나 한 해를 시작해요. 비슷한 종으로 아무르산개구리가 있어요.

북방산개구리

산개구리의 한 종류예요. 대부분 북쪽의 추운 지방에 서식하여 북방산개구리라고 불려요. 몸은 낙엽과 비슷한 색이고 산간 지방의 맑은 시냇물에 살아요. 산란기 때는 논이나 습지로 내려와 짝짓기를 하고 알을 낳지요.

옴개구리

두꺼비를 닮은 개구리예요. 평지나 얕은 산지에 살며 암컷은 산란기 때 물풀에 알을 낳아요. 올챙이는 특이하게 그해 변태하지 않은 채 물속에서 겨울을 보내요. 그리고 다음 해에 변태를 마치고 개구리가 되지요. 수컷은 울음주머니가 없어서 작은 울음소리로 암컷을 유혹해요. 또 두꺼비처럼 독을 가지고 있기도 하지요.

04 개구리의 생존 본능

　동물의 세계에서 개구리는 아주 약한 존재예요. 곰처럼 추위로부터 몸을 보호하는 털도 없고, 쥐처럼 빠르게 뛰지도 못하고, 매처럼 눈이 좋은 것도 아니지요.
　개구리는 이빨도 작고 발톱도 날카롭지 않아요. 하지만 그 모든 약점을 극복하고 살아가는 방법을 터득했어요. 개구리의 특별한 생존 방식을 알아보아요.

개구리는 변온 동물이다

개구리는 변온 동물이에요. 변온 동물이란 체온을 조절하는 능력이 없어서 바깥 온도에 따라 체온이 변하는 동물을 일컬어요. 즉 기온이 20도일 때 변온 동물의 체온은 20도가 되고, 기온이 30도일 때 변온 동물의 체온도 30도가 되는 거예요. 변온 동물을 다른 말로 '냉혈 동물'이라고도 하는데 어류, 양서류, 파충류가 이에 해당되지요.

반대로 언제나 일정한 체온을 유지하는 것을 '항온' 또는 '정온'이라고 해요. 조류와 포유류는 바깥 온도에 관계없이 늘 따뜻한 체온을 유지하는 '온혈 동물'이에요.

변온 동물은 날씨에 민감하여 기온이 높을 때는 활력이 넘쳐서 왕성하게 활동하지만, 기온이 낮을 때는 추위에 온몸이 움츠러들어 동작이 굼떠요. 때문에 변온 동물은 기온이 낮을 때 체온을 높이기 위해 햇빛이 잘 드는 곳에서 일광욕을 해요. 개구리를 비롯하여 뱀이나 도마뱀은 해가 뜨면 가장 먼저 햇볕을 쬐지요. 몸을 따뜻하게 해야 자유롭게 움직일 수 있거든요.

하지만 몸의 온도를 조절할 수 없을 정도로 추워지면 잠을 자요. 개구리는 보통 10월쯤부터 겨울잠을 자는데, 추운 날씨에 살아남기 위한 방법이에요.

자맥질이 뛰어난 잠수함

개구리는 다이빙 선수예요. 위험에 빠지면 길게 쭉 뻗은 다리로 폴짝 뛰어서 물속으로 숨지요. 물속에 뛰어든 개구리는 자맥질하여 잠수함으로 변신해요. 물속에서는 눈꺼풀을 닫아서 눈을 보호해요. 눈꺼풀은 투명한 물안경 역할을 하기 때문에 물속에서도 주변을 잘 살필 수 있어요.

잠수함이 된 개구리는 위급 상황이 닥치면 즉시 진흙을 파고 들어가 숨어요. 개구리가 만든 진흙탕이 사라지면 어느새 개구리도 감쪽같이 사라져요. 이윽고 주위가 잠잠해지면 조심스레 물 위로 헤엄쳐 올라와요. 이때는 허파에 산소를 채워 부력을 높이지요. 개구리는 이러한 특수 기관을 잘 활용하여 위기에서 벗어나는 방법을 알고 있어요.

필요한 것만 보는 잠망경

개구리는 수면 위로 두 눈을 내밀고 주위를 관찰할 수 있어요. 툭 불거진 두 눈은 잠망경과 같지요. 이 방법으로 물풀 속에 숨어 있으면 아무도 발견할 수 없어요. 개구리는 잠망경을 무기로 먹이를 찾고, 천적의 위치도 파악하지요.

그런데 개구리가 잠망경으로 보는 세상은 온통 회색빛이에요. 사물이 또렷이 보이지 않고 흑백으로 보여요. 그러나 시력이 나쁜 대신 개구리는 움직이는 것에 빠르게 반응하는 시신경을 가졌어요. 주위에서 꼼지락거리는 먹이나 무시무시한 천적이 있으면 바로 알아챌 수 있어요.

하지만 대상이 움직이지 않으면 전혀 알아채지 못해요. 가령, 뱀이 눈앞에 있어도 움직이지 않으면 개구리는 뱀이 있다는 사실을 눈치채지 못해요. 뱀이 혀를 날름거리거나, 스르륵 움직여야지만 개구리는 팔딱팔딱 뛰어서 도망쳐요. 만약 뱀이 공격을 멈추면 개구리도 멈춰요. 이처럼 개구리는 움직이는 것에만 즉각적인 반응을 하는 눈을 가졌어요. 생존을 위해 꼭 필요한 것만 갖고 있는 셈이지요.

05 개구리의 먹이 사냥

 개구리는 몸에 비해 입이 큰 동물이에요. 먹이를 발견하면 덥석 물어서 통째로 꿀꺽 삼키지요. 자기보다 몸집이 작으면 만만하게 보고 무조건 달려드는 습성이 있어요.

 입안에 거친 이빨이 있는데 먹이가 입 밖으로 빠져나가지 못하게 잡는 역할을 해요. 더욱 놀라운 것은 먹이를 삼킬 때 안구를 사용한다는 점이에요. 안구의 뒤쪽에 뼈가 없어서 먹이가 입안으로 들어올 때 눈꺼풀을 세게 감으면 안구가 입 쪽으로 내려가면서 먹이를 식도로 밀어 넣는답니다.

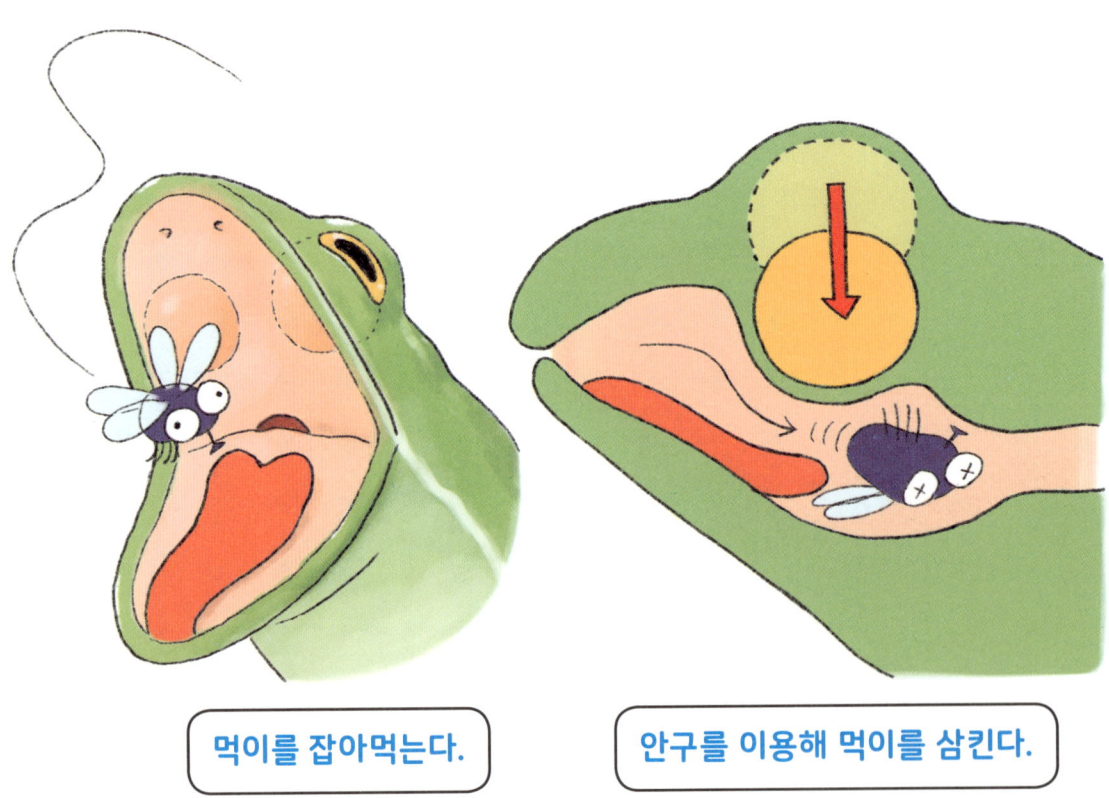

먹이를 잡아먹는다.

안구를 이용해 먹이를 삼킨다.

개구리의 먹이

 개구리의 먹이는 대부분 곤충이에요. 파리, 벌, 나비, 잠자리, 메뚜기, 애벌레 등을 즐겨 먹어요. 곤충을 사냥할 때는 방향, 거리, 속도가 중요해요. 이때 혀를 사용하거나 높이 뛰어서 먹이를 사냥하지요.

 개구리의 혀는 끈끈하고 길어서 먹이를 혀에 찰싹 붙이고 감을 수 있어요. 개미나 파리처럼 작고 날쌘 먹이는 혀를 쭉 내밀어서 포획하고, 잠자리나 메뚜기처럼 비교적 큰 먹이는 큰 입으로 잽싸게 덮치지요. 꿀꺽!

먹이가 아닌 것은 뱉어라

개구리는 한 입 거리 정도의 작은 먹이를 무조건 삼키는 습성이 있어요. 그 바람에 먹이가 아닌 것도 잘못 먹는 경우가 있지요. 바람에 날리는 씨앗이나 작은 잎사귀, 나뭇가지 등을 먹이로 착각하여 꿀떡 삼키는 거예요. 이때 무언가 잘못 삼켰다는 걸 깨닫게 되면 위를 입 밖으로 꺼내요. 그리고 쓰레기통 비우듯 위 안의 쓰레기를 뱉어 위를 세척해요. 정말 대단하지요?

만만하면 다 먹는다

개구리는 작은 곤충뿐만 아니라 지렁이, 거미, 지네도 먹어요. 침이 달린 무서운 말벌도 개구리에게 꼼짝 못 하지요.

황소개구리는 더 무시무시해요. 눈앞에 알짱거리는 건 닥치는 대로 먹어요. 다른 종의 개구리를 잡아먹는 건 보통이고 쥐도 먹어 치워요. 심지어 독뱀도 그냥 삼켜 버리지요. 황소개구리는 천적도 먹어 치우는 습지의 무법자라고 할 수 있어요.

06 개구리의 천적

개구리는 먹이 사슬의 중간 단계에 있어요. 풀, 메뚜기, 개구리, 육식 동물로 이어지는 먹이 피라미드에서 2차 소비자에 해당하지요. 개구리는 영양소가 풍부해서 육식 동물이 아주 좋아하는 먹이예요. 어떤 포식자들이 개구리를 사냥하는지 살펴볼까요?

물속의 저승사자들

개구리는 올챙이 때부터 여러 동물의 먹이로 희생돼요. 물장군, 물자라, 게아재비, 잠자리 애벌레, 물방개가 바로 물속의 천적이에요. 물 밖에서는 백로, 왜가리, 오리 등의 새가 올챙이를 먹이로 삼고요. 개구리가 알을 많이 낳아도 성장하는 과정에서 수많은 올챙이가 살아남지 못해요.

천적보다 무서운 가뭄

올챙이가 만약 천적에게 잡아먹히지 않는다면 10분의 1 확률로 살아남을 수 있어요. 하지만 만약 가뭄이 닥치면 올챙이가 살아남을 확률은 100분의 1이 되어요. 바로 천적보다 더 무서운 게 가뭄이지요. 얕은 물에서 활동하는 올챙이에게 가뭄은 치명적이에요. 가뭄은 논과 저수지 등의 습지를 금세 웅덩이로 만들어 그 안에 올챙이를 가두어 버려요. 그 결과는 참혹해요. 천적의 먹이가 되거나 땡볕에 말라 죽을 수밖에 없지요.

개구리는 털 없는 살코기

동물의 세계에서 개구리는 최고의 먹이예요. 그래서 개구리를 호시탐탐 노리는 천적이 아주 많아요. 하늘에서는 매와 부엉이 등의 맹금류가 쏜살같이 개구리를 낚아채고, 땅에서는 너구리, 오소리, 삵, 뱀 등이 개구리를 사냥하지요.

과연 물속에서는 안전할까요? 전혀 아니에요. 수달, 메기, 가물치 등이 개구리를 호시탐탐 노려요. 게다가 동족인 황소개구리까지 천적으로 둔갑하여 개구리를 잡아먹어요.

개구리는 천적이 다가오면 살기 위해 본능적으로 재빨리 도망쳐요. 위급 상황에는 오줌을 배출하고 몸을 가볍게 만들어 더 빨리 도망치지요. 개구리는 왜 이렇게 천적이 많을까요? 그 이유는 개구리가 영양 만점 도시락이기 때문이에요.

가장 무서운 천적은 사람이다

황소개구리는 토종 물고기와 수생 동물을 닥치는 대로 잡아먹는 바람에 '생태계 교란종'으로 악명 높아요.

하지만 현재는 우리나라에 완전히 적응한 토착 외래종으로 인정받고 있어요. 그동안 꾸준히 현상금을 걸고 잡아들여도 악착같이 살아남았으니까 인정해 줄 수밖에요. 덧붙여 토종 어류의 반격으로 황소개구리의 개체 수가 자연적으로 조절되고 있고요.

사실 따지고 보면 황소개구리가 잘못한 건 없어요. 그저 주어진 환경에 적응하면서 살아온 것뿐이니까요. 오히려 황소개구리는 피해를 당했어요. 황소개구리를 국내로 들여온 것도 사람이고, 퇴치의 대상으로 삼은 것도 사람이니까요.

동남아시아나 중국의 일부 지역에서는 개구리를 길거리 음식으로 팔아요. 개구리가 그만큼 흔하고 맛있기 때문이에요. 우리나라도 가난했던 시절, 참개구리를 잡아 구워 먹었어요. 최근에는 산개구리를 보양식으로 잡아먹고요.

그러나 현재 야생 산개구리는 보호종으로 지정되어 있기 때문에, 포획이 불법이에요. 그래서 사람들은 야생 산개구리를 잡는 대신 양식하여 합법적으로 사고팔아요.

그동안 사람들의 무분별한 포획 때문에 야생 산개구리의 개체 수가 줄

어들었어요. 사람들이 습지를 파괴한 것도 그 이유 중 하나예요.

개구리가 살아갈 삶의 터전이 점점 줄어드니 개체 수가 줄어드는 것은 당연하지요. 그래서 개구리에게 가장 무서운 천적은 바로 사람일지도 몰라요.

07 신기한 개구리의 세계

세상에는 신기하고 놀라운 개구리가 많아요. 기네스북에 오를 정도로 놀라운 재주를 가지고 있는 개구리도 있지요. 특별한 능력을 가진 희귀한 개구리들을 만나 볼까요?

세상에서 가장 큰 골리앗개구리

골리앗개구리는 세상에서 가장 큰 개구리예요. 다리를 오므렸을 땐 30센티미터, 다리를 쭉 뻗었을 땐 70센티미터나 되지요. 한 번에 3미터나 멀리 점프할 수 있어요. 올챙이는 두 손에 가득 찰 만큼 크지요. 주로 강변이나 냇가에 살고 울음주머니가 없어서 울지는 못해요. 서아프리카의 카메룬과 기니에 서식하고 있어요.

강한 독이 있는 독화살개구리

남아메리카에는 많은 종류의 독개구리가 살아요. 독개구리는 몸은 작지만 빨강, 노랑, 파랑 등의 화려한 색을 가지고 있어요. 일찍이 원주민들은 독개구리의 피부에 있는 강한 독을 화살촉에 묻혀 동물을 사냥했어요. 그래서 독화살이 발명됐고, 독이 있는 개구리는 모두 독화살개구리로 불렸어요.

개구리의 독은 먹이 사슬에 의해 옮겨져요. 곤충이 식물을 먹으면 독성이 있는 알칼로이드가 곤충의 몸속에 쌓여요. 개구리가 그 곤충을 잡아먹으면 알칼로이드가 다시 개구리의 몸속에 축적되지요. 그렇게 축적된 알칼로이드는 피부에 쌓여 천적으로부터 몸을 보호해 주어요.

독화살개구리의 독은 마비, 통증, 구역질 등의 증상을 일으켜요. 만약 뱀이 독화살개구리를 물면 어떻게 될까요? 뱀은 몸부림치면서 독화살개구리를 토해요. 그리고 뱀은 그 경험을 바탕으로 두 번 다시 독화살개구리를 먹지 않지요.

새끼를 돌보는 개구리

일반적으로 개구리는 알을 많이 낳아 새끼를 번식해요. 그러나 반대로 알을 적게 낳아 새끼를 안전하게 키우는 개구리도 있어요. 바로 수리남두꺼비예요.

이 개구리의 암컷은 30개 정도의 알을 등에서 부화시켜요. 그리고 새끼는 어미의 피부 속에서 새끼 개구리로 자라 독립하지요. 수리남두꺼비는 '피파두꺼비', '애보기두꺼비'라고도 불려요.

 인도에 사는 대나무개구리의 암컷은 대나무 속에 고작 5개~8개의 알을 낳아요. 수컷은 알이 부화될 때까지 자리를 지키며 망을 보아요.

 대나무개구리는 올챙이 과정을 거치지 않고 알에서 바로 새끼 개구리가 부화해요. 자손을 적게 낳아도 확실하게 대를 이을 수 있는 기발한 방법이지요.

꽁꽁 얼어도 죽지 않는 냉동 숲개구리

숲개구리는 추운 북극의 숲 지대에 사는 유일한 양서류예요. 이 개구리는 매서운 한파에 몸이 꽁꽁 얼어붙어도 생존하는 능력이 있어요.

북극에 겨울이 오면 숲개구리는 낙엽 속에 몸을 숨기고 겨울잠에 빠져요. 날씨가 추워질수록 숲개구리의 몸은 꽝꽝 얼어서 그야말로 냉동 개구리가 되어요. 하지만 봄이 되어 날이 풀리면 숲개구리는 아무 일도 없었다는 듯이 멀쩡하게 깨어나서 활동해요. 도대체 어떻게 그럴 수 있는 걸까요?

날씨가 추워지면 숲개구리는 간에 저장된 녹말을 분해하여 대량의 포도당을 만들어요. 그러면 혈관의 세포에 당분이 높아져 피가 얼지 않지요. 사실 이러한 생존 전략은 겨울잠을 자는 모든 개구리에게 해당돼요. 개구리는 따뜻한 털이 없는 대신에 강추위에 얼어 죽지 않는 기능이 발달했어요. 그중에 숲개구리는 북극의 한파를 견디기 위해 추위에 더욱 강한 종으로 살아남은 거랍니다.

08 항아리곰팡이병과 무당개구리

지난 30여 년 동안 양서류에 항아리곰팡이병이 유행처럼 퍼졌어요. 그 병으로 전 세계 개구리의 약 40퍼센트가 멸종 위기에 처했어요. 항아리곰팡이병은 양서류를 죽음으로 몰고 가는 무서운 병이에요. 과학자들은 추적 끝에 우리나라의 무당개구리가 그 병의 원인이라고 발표했어요. 어쩌다 우리나라의 무당개구리가 무서운 항아리곰팡이병을 일으키는 원인이 되었는지 살펴볼까요?

항아리곰팡이병이란?

항아리곰팡이병은 병원균의 모양이 항아리를 닮아 붙은 이름이에요. 이 병은 양서류의 피부를 파괴하는 일종의 피부병이에요. 병원균이 피부에 침투하면 미끈한 케라틴 성분이 딱딱하게 굳어요. 그러면 피부로 호흡하는 개구리는 숨이 막혀서 결국 죽게 되지요.

한국의 무당개구리가 원인이다

항아리곰팡이병은 1993년, 호주에서 처음 발견되었어요. 그 후, 남미와 북미를 거쳐 유럽까지 퍼졌지요. 그사이에 약 200여 종의 양서류가 멸종되었어요. 과학자들은 항아리곰팡이병의 원인을 알아내기 위해 세계 각지에서 234개의 표본 시료를 수집했어요. 그리고 그 시료를 바탕으로 DNA를 분석했지요. 그 결과, 항아리곰팡이균의 발원지는 한국이고, 그 원인은 무당개구리라는 사실이 밝혀졌어요.

유전적인 다양성이 높은 토종 무당개구리

우리나라는 항아리곰팡이병의 발원지임에도 불구하고 정작 피해가 적었어요. 우리나라의 양서류는 이미 그 병균에 저항하는 강한 면역을 가지고 있었기 때문이에요.

역사적으로 서식지가 오래된 지역일수록 돌연변이가 나오는 확률이 높아요. 돌연변이는 대를 거치면 거칠수록 유전적인 다양성이 높아져요. 그동안 약한 유전자는 사라지고 강한 유전자만 살아남는 것이지요. 그렇게 강한 유전자만을 이어받은 우리나라의 무당개구리는 항아리곰팡이의 병원균을 물리치는 내성을 가지게 됐어요.

한편, 무당개구리의 피부에는 독성이 있어요. 만약 사람이 손으로 무당개구리를 만진다면 불쾌한 냄새가 나는 점액질을 내뿜을 거예요. 그 손으로 눈을 비비면 따가워서 눈물이 날 거고요.

항아리곰팡이병은 어떻게 퍼졌나?

우리나라가 항아리곰팡이병의 발원지라는 것은 무당개구리가 해외로 반출되었다는 것을 증명해요. 그런데 우리나라는 공식적으로 양서류를 외국에 수출했다는 기록이 없어요. 그렇다면 무당개구리는 어떻게 해외로 진출하여 무서운 병을 일으키게 되었을까요?

지금으로부터 50년~120년 사이에 세계적으로 동물의 거래가 활발했어요. 하지만 그 유통의 경로는 합법적인 것보다 불법적인 것이 많았어요. 과거 유럽의 강대국들은 아프리카의 동물을 잡아서 동물원에 팔아넘겼어요. 남미 열대 우림의 희귀한 동물을 포획하여 전시관에 팔기도 하였지요.

우리나라는 일본의 식민지를 거치면서 전국의 동식물이 일본에 표본으로 만들어지거나 박제되었어요. 나라를 빼앗기면 모든 것을 빼앗길 수밖에 없지요. 이처럼 우리나라의 의사와 관계없이 동물들이 산 채로 외국으로 반출되어 유통되었어요.

또 희귀종의 야생 동물이 밀거래로 사고팔리기도 했어요. 한때 우리나라의 무당개구리는 '불타는 두꺼비'라는 이름으로 인기가 좋았어요. 아마도 그때 무당개구리가 해외에 몰래 분양되면서 항아리곰팡이병을 퍼트린 게 아닐까 추측하고 있어요.

그럼 우리나라와 달리 해외의 양서류가 항아리곰팡이병에 쉽게 감염된 이유는 무엇일까요? 바로 유전적 다양성의 부족으로 면역 체계가 약하기 때문이에요. 자연 예방은 대를 거치는 돌연변이의 개체 수가 많아야 면역력이 생겨요. 따라서 해외로 반출된 토종 무당개구리의 후손은 항아리곰팡이병의 병원균에 대한 저항력이 부족해서 쉽게 죽었던 거예요. 즉 허약하다는 증거이지요.

09 개구리에 얽힌 생활과 풍습

개구리는 알게 모르게 우리의 생활 환경과 밀접하게 연관되어 있어요. 복을 주는 두꺼비, 봄소식을 전하는 개구리, 장마 때 우는 맹꽁이는 조상들의 경험을 토대로 의미가 부여됐어요. 개구리가 우리 생활 풍습에 직접적인 영향을 끼쳤기 때문이지요. 개구리에 관한 어떤 풍습이 있는지 알아보아요.

경칩에 농사를 준비하라

개구리가 겨울잠에서 깨어나는 절기를 '경칩'이라고 해요. 경칩은 양력으로 3월 5일이에요. 들에는 풀이 자라고 시냇가에는 얼음이 녹아 물이 졸졸 흐르는 시기예요.

조선 시대에는 조정에서 한 해 농사가 잘되라고 '선농제'를 지냈어요. 동시에 농부들은 농기구를 손보며 농사 준비를 했지요. '지봉유설'에는 옛 선인들이 '개구리 점'으로 운수를 알아본 게 기록되어 있어요. 가령 경칩에 개구리울음을 서서 들으면 한 해 농사가 바쁘고, 누워서 들으면 한 해 농사가 편안할 것으로 점쳤어요.

어떤 지방에서는 그해 개구리울음을 누워서 들으면 앓아눕고, 앉아서 들으면 탈 없이 건강하게 지낸다고 점쳤어요. 그리고 개구리가 우렁차게 우는 논은 풍년이 들고, 울었다 그쳤다 하는 논은 농사를 망친다고 전했답니다.

복을 주는 두꺼비는 잡지 마라

예로부터 두꺼비는 재물과 복을 상징해요. 조상들은 두꺼비를 만나면 운이 좋다고 생각했어요. 이따금씩 두꺼비는 집 안의 부엌에 들어와서 파리나 모기 등의 해충을 잡아 주기도 했어요. 이처럼 두꺼비는 이로움을 주는 동물이었기 때문에 사람들은 두꺼비를 해치지 않았어요. 오히려 가족처럼 생각했지요.

혹시 여러분은 두꺼비가 새집을 준다는 것을 알고 있나요? 예전에 어른들이 많이 했던 놀이예요. 방법은 먼저 왼손을 주먹 쥔 채 모래밭에 내려놓아요. 그다음 오른손으로 모래를 퍼서 왼 주먹에 다독다독 쌓으면 두꺼비집이 되어요. 두꺼비집을 지을 때는 "두껍아, 두껍아. 헌 집 줄게 새집 다오."라고 부탁해야 해요. 그리고 두꺼비집에서 왼 주먹을 천천히 뺐을 때 두꺼비집이 무너져 버리면 두꺼비가 새집을 주지 않은 거예요. 만약 무너지지 않았다면 두꺼비가 부탁을 들어주었기 때문에 그날은 운이 아주 좋지요.

　민가에서는 두꺼비를 재물을 모으는 동물로 여겼어요. 오래전부터 다리가 세 개이고 엽전을 입에 물고 있는 두꺼비 형상을 '삼족섬'이라고 불렀어요. 삼족섬은 원래 옥황상제의 아홉 번째 아들이었어요. 아들은 재물 모으기를 너무 좋아하여 욕심을 부리다가 옥황상제에게 벌을 받았어요. 다리가 세 개 달린 두꺼비가 되어 지상에 내려가 살게 된 거예요.
　그러나 아들은 여전히 반성하지 않고 재물 모으기를 좋아했어요. 재물이 생기면 입에 물고 빠져나가지 못하게 뒷다리로 항문을 막았어요. 이 이야기가 빌미가 되어 삼족섬은 집안의 재물을 지켜 주는 상징물이 되었답니다.

비를 부르는 기상 캐스터

개구리가 떼로 모여서 우는 경우는 두 가지예요. 하나는 짝짓기 시기에 수컷이 암컷을 유혹하기 위해서이고, 또 하나는 비가 내릴 때예요.

개구리가 비 오는 날 우는 까닭은 개구리의 호흡과 관련이 있어요. 개구리는 땅 위에서 허파로 호흡하는 것보다 피부로 숨 쉬는 것을 더 좋아해요.

하지만 건조한 날에는 개구리의 피부가 금세 마르기 때문에 물속을 자주 들락거리며 피부를 촉촉하게 적셔야 하지요. 그러다 비가 와서 피부가 촉촉해지면 개구리의 숨통이 탁 틔어요. 때문에 비 오는 날 개구리는 숨을 잘 쉴 수 있어서 밖으로 뛰쳐나와 크게 운답니다.

그런데 비 오는 날 우는 또 다른 이유가 있어요. 바로 기압이 낮아서예요. 보통 흐리고 비가 오는 날씨에는 기압이 낮아요. 낮은 기압은 개구리가 호흡하는 걸 방해해요. 이때는 개구리가 피부와 허파의 호흡을 병행하기 때문에 시끄럽게 울어요.

둘 중 어떤 경우라도 비 오는 날 개구리가 우는 건 과학적 사실이에요. 개구리는 훌륭한 기상 캐스터니까요. 조상들은 이미 그 사실을 알고 '개구리 울면 비 온다.'는 속담을 생활 과학으로 삼았어요. 비 소식은 농사일 하는 데 큰 도움을 주거든요. 사람들은 비가 적게 내리면 물을 가두고 많이 내리면 물꼬를 터서 농사일에 만전을 다했어요.

10 전설과 신화 속의 개구리

　개구리는 누구나 좋아하는 귀엽고 깜찍한 캐릭터예요. 덕분에 만화영화의 주인공으로 자주 등장하지요. 마법에 걸린 개구리 왕자와 반대로 행동하는 청개구리 이야기도 아주 유명해요. 우리나라에도 개구리가 이미 오래전부터 설화에 등장했어요.

　당시의 사회적 배경에 따라 개구리는 신성하게 여겨지기도 하고, 우습게 여겨지기도 했어요. 두꺼비는 투박한 생김새와 다르게 꾀가 많거나 은혜를 갚는 역할로 종종 이야기되어요. 우리나라에 어떤 개구리 이야기가 전해지는지 알아보아요.

금개구리로 태어난 금와 왕

동부여 왕인 해부루가 늦도록 자식이 없자 하늘에 후계자를 점지해 달라며 빌었어요. 그러던 어느 날, 해부루가 타고 가던 말이 큰 돌 앞에 멈추더니 슬프게 울었어요. 해부루는 이를 기이하게 여겨 그 바위를 들추었어요. 그러자 바위 밑에는 금빛으로 빛나는 아기가 누워 있었어요. 아기는 개구리를 닮아 있었지요. 해부루는 놀라워하며 하늘에서 점지해 준 그 아기를 '금와'라고 이름 짓고 자신의 후계자로 삼았어요. '금와'는 '금개구리'라는 뜻이에요.

훗날 금와는 해부루에게 왕위를 계승받고 유화를 아내로 맞아 자식을 낳았어요. 그런데 유화가 낳은 건 사람이 아닌 알이었어요. 알을 깨고 나온 사람은 먼 훗날 고구려를 세운 '주몽'이었지요. 이 이야기는 고구려의 동명 성왕 편에 서동부여의 왕과 주몽에 관한 설화로 전해지고 있어요.

도움을 주는 두꺼비

설화 속의 두꺼비는 주로 은혜를 갚거나 남을 잘 도와주는 역할로 등장해요. '은혜 갚은 두꺼비' 이야기는 다음과 같아요.

두꺼비 한 마리가 날마다 어느 집의 부뚜막을 찾아왔어요. 처녀는 밥을 주며 두꺼비를 보살폈지요. 그사이 마을에서는 이상한 일이 계속 벌어졌어요. 원님이 새로 부임해 올 때마다 밤사이에 죽어 버렸어요. 마을에서는 이를 불길하게 여겨 산 처녀를 재물을 바쳐야 화를 면할 수 있다고 생각했어요. 그리고 두꺼비를 도왔던 처녀가 재물로 바쳐지게 되었어요. 처녀는 슬피 울며 원님 복장을 한 채 죽음을 기다렸어요. 마침내 새벽이 되자 거대한 지네가 나타났어요. 그동안 지네가 원님을 죽였던 것이었지요. 지네가 처녀를 공격하려는 순간이었어요. 갑자기 두꺼비가 나타나 지네를 덮쳤어요. 두꺼비와 지네는 밤새도록 엎치락뒤치락 싸웠어요. 이른 아침에 동이 텄을 때 두꺼비와 지네는 모두 죽고 말았지요. 처녀의 도움을 받은 두꺼비가 은혜를 갚은 이야기랍니다.

'콩쥐팥쥐' 이야기에서 계모는 콩쥐에게 깨진 항아리에 물을 가득 채우라는 심술을 부렸어요. 그때 두꺼비가 나타나 바닥이 깨져 있는 항아리를 몸으로 틀어막은 덕분에 콩쥐는 항아리에 물을 채울 수 있었어요.

우화 속의 개구리

이솝우화의 '황소와 개구리'는 웃기고도 슬픈 이야기예요. 엄마 개구리는 스스로를 과신하며 황소처럼 배를 부풀리다가 "빵!" 터지고 말았지요.

또 반대로만 행동하는 청개구리 이야기도 있어요. 엄마가 자라고 하면 놀고, 헤엄치라고 하면 땅에서 뒹굴던 아들에게 엄마는 '내 무덤을 개울에 만들라.'고 유언을 남기고 세상을 떠났어요.

하지만 아들은 그동안 엄마 말을 듣지 않았던 것이 후회되었어요. 그래서 엄마의 유언대로 개울에 무덤을 만들었지요. 사실 엄마의 생각은 달랐어요. 아들에게 개울에 묻어 달라고 하면 산에 묻어 줄 거라고 생각하고 반대로 유언했던 것이지요. 결국 아들이 개울에 만든 엄마의 무덤은 비에 떠내려갔어요. 아들은 그것이 슬퍼서 비가 올 때마다 울었답니다. 제때에 말을 바르게 듣지 않으면 어리석은 사람이 된다는 교훈을 전하고 있어요.

돌이 된 금강산 개구리

　우물 안에 살던 개구리가 아름다운 금강산을 보고 넋이 나가 돌이 되어 버린 전설도 있어요. 평생에 한 번 볼까 말까 한 금강산의 빼어난 절경을 알리고자 개구리를 주인공으로 삼은 이야기예요.

　금강산 한 마을의 작은 우물에 열 마리의 개구리가 살고 있었어요. 그 우물은 아름다운 금강산 자락에 있었지만, 개구리들은 우물 안에서 텅 빈 하늘만 볼 수 있었어요. 하루는 까마귀가 날아와 개구리들에게 바깥세상이 얼마나 멋지고 아름다운지 이야기했어요. 개구리들은 하늘에 뜬 구름보다 더 대단하고 찬란한 것은 없다며 그 말을 믿지 않았어요. 까마귀는 개구리 중 한 마리를 대표로 등에 업고 우물 밖으로 날아갔어요.

밖으로 나온 개구리는 두 눈이 휘둥그레졌어요. 봉긋 솟아오른 산봉우리는 사방을 둘러싸고 있고, 기암절벽 사이로 흐르는 물줄기는 하얀 물안개를 내뿜고 있었지요.

　개구리는 입을 떡 벌리고 한 치 앞도 못 보고 살아온 자신의 지난날을 한탄했어요. 그래서 우물 안의 개구리들에게 세상이 얼마나 크고 아름다운지 알려 주기로 마음먹었어요. 개구리는 금강산을 오르며 정신없이 주위를 구경했어요. 하지만 아무리 봐도 아름다운 경치는 끝없이 펼쳐졌어요. 결국 개구리는 두 눈을 부릅뜬 채 그 자리에서 돌이 되어 버렸어요. 금강산의 아름다운 경치에 넋이 나간 모습으로요. 이 이야기는 개구리도 놀랄 만한 금강산의 절경을 전한답니다.

강감찬 장군과 수다쟁이 개구리

고려 장군 강감찬은 거란과 싸워 강동6주의 너른 영토를 차지했던 명장이에요. 그는 귀주 대첩에서 거란을 완전히 물리치고 국민적인 영웅이 되었어요. 그래서 새 부임지로 갈 때마다 그 업적을 높이 평가받았어요. 동시에 장군이 머물렀던 지방마다 개구리에 얽힌 설화가 따라다녔답니다.

장군이 새 부임지에 가자 개구리들이 시끄럽게 울었어요. 얼마나 시끄러운지 사람들이 밤잠을 잘 수 없을 지경이었지요. 마을 사람들은 개구리의 울음소리를 멈추기 위해 논과 연못에 돌을 던졌지만 소용없었어요.

결국 사람들은 장군을 찾아가 개구리의 울음을 멈춰 달라고 호소했어요. 장군이 '개구리에게 보내는 명령서'를 써서 연못에 던지자 거짓말처럼 개구리의 울음소리가 멈췄어요.

이 설화는 용맹한 강감찬 장군의 위대한 업적을 기리기 위해 사람들이 만든 이야기예요. 그 누구라도 장군의 신통한 능력을 의심하지 말고 명령을 받들어야 한다는 것이지요. 개구리까지도요. 그런데 장군이 개구리에게 보내는 명령서에는 뭐라고 쓰여 있었을까요?

개구리 관련 상식 퀴즈

① 개구리는 꼬리가 있어요. (○, ×)
② 물속과 땅 위를 오가는 개구리는 양서류예요. (○, ×)
③ 개구리는 허파와 _____로 숨 쉬어요.
④ 도롱뇽은 파충류예요. (○, ×)
⑤ 동물은 _____로 중심을 잡아요.
⑥ 개구리 앞발에는 물갈퀴가 있어요. (○, ×)
⑦ 개구리의 새끼는 _____라고 불러요.
⑧ 올챙이가 개구리로 바뀌는 것을 _____라고 해요.
⑨ 올챙이는 습지에서 살아요. (○, ×)
⑩ 개구리는 짝짓기 때 체내 수정을 해요. (○, ×)
⑪ 개구리 알의 부화 시기는 온도에 따라 달라져요. (○, ×)
⑫ 올챙이는 _____로 숨을 쉬어요.
⑬ 개구리는 콧구멍이 없어요. (○, ×)
⑭ 개구리의 성장 순서는 알 - 올챙이 - 뒷다리 나옴 - 앞다리 나옴 - _____ - 개구리예요.
⑮ _____의 별명은 군인 개구리예요.
⑯ 금개구리는 멸종 위기종이에요. (○, ×)
⑰ 수컷 청개구리는 울음주머니가 없어요. (○, ×)
⑱ 두꺼비의 피부에는 _____이 있어요.
⑲ 숲개구리가 꽁꽁 얼어도 죽지 않는 이유는 간이 녹말을 분해하여 대량의 _____을 만들기 때문이에요.

㉠ 개구리는 체온이 일정한 정온 동물이에요. (○, ×)

㉑ 개구리는 _____ 뒤쪽에 뼈가 없어서 먹이가 입안으로 들어올 때 눈을 세게 감아 식도로 밀어 넣어요.

㉒ 개구리는 눈꺼풀이 없어요. (○, ×)

㉓ 개구리가 보는 세상은 온통 붉은색이에요. (○, ×)

㉔ 개구리는 날씨가 추워지면 _____ 을 자요.

㉕ 뱀은 개구리의 대표적인 _____ 이에요.

㉖ 항아리곰팡이병을 일으킨 우리나라의 개구리는 _____ 예요.

㉗ 올챙이에게 천적보다 더 무서운 것은 _____ 이에요. 살아남을 확률이 100분의 1밖에 되지 않지요.

㉘ 원주민들은 _____ 의 피부에 있는 독을 화살촉에 묻혀 동물을 사냥했어요.

㉙ 등에 알을 낳아 새끼를 번식시키는 개구리는 _____ 예요.

㉚ 집안의 재물을 지켜 주는 상징물로 다리가 세 개고 입에 엽전을 물고 있는 두꺼비 형상을 _____ 이라고 불러요.

정답
01 ×　02 ○　03 피부　04 ×　05 꼬리　06 ×　07 올챙이　08 변태　09 ○
10 ×　11 ○　12 아가미　13 ×　14 꼬리가 짧아짐　15 참개구리　16 ○
17 ×　18 독　19 포도당　20 ×　21 안구　22 ×　23 ×　24 겨울잠
25 천적　26 무당개구리　27 가뭄　28 독화살개구리　29 수리남두꺼비(또는 피파두꺼비, 애보기두꺼비도 정답)　30 삼족섬

개구리 관련 단어 풀이

개체: 하나의 독립된 생물체.

고막: 귓구멍 안쪽에 있는 막으로 소리를 전달하여 들을 수 있게 함.

도시화: 도시의 문화가 도시 주변으로 발전, 확대되는 것.

먹이 사슬: 생태계에서 먹이를 중심으로 이어진 관계.

멸종: 동식물 등의 종류가 아주 사라지는 것.

무게 중심: 물체가 가진 무게의 중간 지점으로 무게가 어느 쪽으로도 치우치지 않고 균형을 잡는 점.

물갈퀴: 개구리나 오리 등의 발가락 사이에 있는 막으로 헤엄을 치는 데 편리함.

발생: 세포의 증식으로 생물이 진화하는 것.

배설물: 생물체 밖으로 배설되는 물질로 똥, 오줌, 땀 등을 말함.

번식: 동물이나 식물의 수가 늘어 널리 퍼져 나가는 것.

변태: 새끼가 성체로 자라면서 생김새와 생태 등이 전혀 다르게 변하는 것.

보호종: 멸종 위기에 처하거나 소수의 개체만 남아 보호받는 생물의 종류.

부화: 동물의 알 속에서 새끼가 태어나는 것.

산란: 알을 낳는 것.

생존: 죽지 않고 살아남음.

생태계 교란종: 생물들의 생태 질서를 어지럽히는 생물의 종류.

서식지: 생물이 자리를 잡고 사는 곳.

수명: 생물이 살아 있는 기간.

수생 동물: 물속에서 사는 동물을 통틀어 이르는 말.

순막: 눈의 각막을 보호하는 얇고 투명한 막.

습성: 동물 무리 안에서 공통되는 생활, 행동 양식.

습지: 습기가 많은 축축한 땅.

아가미: 물속에서 사는 동물의 호흡 기관.

우량종: 품질이 우수한 종류.

자맥질: 물속에 잠겼다 물 밖으로 뜨는 것을 반복하는 행위.

정자: 수컷의 생식 세포.

직립 보행: 뒷다리만을 사용하여 등을 꼿꼿하게 세우고 걷는 일.

척추동물: 등뼈를 가지고 있는 동물로 어류, 양서류, 파충류, 조류, 포유류로 나뉨.

천적: 먹고 먹히는 관계에서, 어떤 생물을 공격해 먹이로 삼는 생물을 이르는 말.

체외 수정: 암수의 생식 세포가 몸 밖에서 하나로 합쳐지는 것.

케라틴: 경질 단백질을 통틀어 이르는 말로 동물의 손발톱, 깃털, 피부에 포함되어 있음.

포식자: 다른 동물을 먹이로 하는 동물.

혈액: 몸 안의 혈관을 돌며 영양분을 공급하며 '피'라고도 부름.

혼인 육지: 수컷 개구리의 엄지발가락 아래에 있는 살점으로 짝짓기를 할 때 암컷을 움켜잡기 위해 사용함.